Laurent de Brunhoff

BABAR A LA FÊTE DE CÉLESTEVILLE

Nouvelle Collection Babar • Hachette

© Librairie Hachette, 1954.

Imprimé en France et relié par I.M.E. - 25110 Baume-les-Dames
Dépôt légal N° 34466 - Mai 2003
22.11.0243.22/0
ISBN : 2.01.002631-4
Loi n° 49-956 du 16 juillet 1949 sur les publications
destinées à la jeunesse

« Chers amis », dit un jour Babar
au général Cornélius, au docteur Capoulosse
et à Podular le sculpteur,
« ce sera bientôt l'anniversaire
de Célesteville, la ville des éléphants.
Invitons cette année tous les animaux
à participer à une grande exposition.
Chacun pourrait construire un pavillon
et apporter quelques belles et bonnes choses
de son pays. Qu'en pensez-vous ?
— Excellente idée, dit Cornélius.
Voyons tout de suite comment
organiser notre fête.
Podular et Capoulosse approuvent avec enthousiasme.

steville

artout annoncer la fête
vec de la fumée blanche:
rande exposition.
emandez les détails.
nez tous! Venez tous!»
nez de l'eau. Les singes
ndent leur long cou.
u'il va bien s'amuser.

Ramatur le rhinocéros et Xilophon le singe sont les premiers arrivés. Ils vont aussitôt au bureau des inscriptions. Le secrétaire s'applique. Il écrit : " SINGES, envoyé : monsieur Xilophon. RHINOCÉROS, envoyé responsable : monsieur Ramatur." Puis viennent : Césarine la girafe, le lion Grégoire et beaucoup d'autres. Le roi Babar décide avec eux, sur un plan de Célesteville, de l'emplacement de chaque pavillon. L'exposition sera construite de l'autre côté du lac.

Une semaine
plus tard
Pom, Flore
et Alexandre
se promènent
à travers le chantier.
Le mécanicien
leur dit :
« Bientôt la fête
pourra commencer.
Les lions
sont déjà prêts
et les singes aussi ».

Le grand jour est arrivé...

Les premières voitures ont traversé le lac sur le grand pont de Célesteville. Derrière suivent les autobus tous complets. Beaucoup de visiteurs n'ont pas voulu attendre et courent sur les trottoirs. "Quelle belle ville," pensent ceux qui y viennent pour la première fois.

Arrivé devant la porte principale,
Babar descend de voiture.
Il se tourne vers la foule
et dit :
"Mes chers invités, mes chers amis,
c'est avec émotion que j'ouvre cette exposition.
Pour la première fois
dans notre histoire
une fête comme celle-ci a lieu.
Jamais nous n'avons été aussi nombreux
à Célesteville.
Que chacun de nous apprenne à connaître
les autres et à les aimer.
Chers amis, amusez-vous bien !"
Un tonnerre d'applaudissements suit ces paroles.
Cornélius tend alors une paire de ciseaux à Babar.
Un grand silence se fait.
Babar coupe le ruban : l'exposition est ouverte.

Le roi Babar commence la visite officielle par les kangourous.
Quelques-uns d'entre eux lui expliquent
qu'ils n'ont besoin ni d'escalier ni de porte.
Ils sautent d'un étage à l'autre.
"La grande entrée a été faite spécialement
pour les grands animaux", lui disent-ils.
Pom et Alexandre imitent les kangourous:
mais ils sont trop gros pour entrer par les fenêtres.

Pendant que Babar est dans le pavillon des rhinocéros,
Flore, chez les oiseaux,
a retrouvé avec joie le petit canard vert.
Arthur est monté chez les singes,
avec son ami Zéphir, dans le balcon-ascenseur.

Voici le marché de l'exposition sous la grande coupole.
Que de bonnes choses à manger, que de belles choses à voir!

Pom le gourmand n'aura certainement pas faim à dîner, c'est la troisième fois qu'il revient voir l'hippopotame.

Pom, Flore et Alexandre se promènent
avec le petit canard vert.
Après les pavillons des girafes et des dromadaires,
ils arrivent devant celui des lions.
« Quelle belle maison, dit Pom, c'est celle
que je préfère. »

"Moi j'aime mieux celle des oiseaux", dit Flore en regardant le petit canard....

Du haut du pavillon la vue est vraiment splendide.

Une lorgnette est installée pour mieux contempler le paysage.

Le petit canard aperçoit des animaux bizarres qu'il ne reconnaît pas.
"Passe-moi ta lorgnette, dit Alexandre.
... Ce sont des scaphandriers!
Je les ai vus construire les piles du grand pont.
Que font-ils donc aujourd'hui ?
Ça doit être une surprise »

Les quatre amis se précipitent.
Quelle joie! Tout le monde peut être scaphandrier.
Il suffit de se déshabiller au vestiaire
et d'aller choisir un scaphandre
et des semelles de plomb.
"Moi, je n'ai besoin de rien,
dit le petit canard, je sais nager sous l'eau."
Le lion, qui n'a pas envie de se mouiller,
a mis une chemise transparente. La girafe aussi,
et tous ceux qui n'ont pas la peau dure des éléphants.
Les hippopotames, eux, ont l'habitude
de rester sous l'eau, mais ils sont contents
de pouvoir faire de longues promenades
sans être obligés de remonter pour respirer.

PAVILLON
DES
HIPPOPOTAMES

Ramatur le rhinocéros est ravi de son expédition.
Il rêve de construire chez lui une maison sous-marine.

Quant à Alexandre, le polisson, il a retiré ses semelles de plomb.
Aussitôt, il remonte malgré lui à la surface de l'eau.

Non loin de là se trouve le pavillon des hippopotames. Ah ! ce qu'on s'amuse sur le toboggan ! Arthur a déjà plongé dix fois.

Mais, catastrophe ! au moment où un gros hippopotame glisse dans l'eau, Alexandre passe juste dessous.

Le pauvre petit éléphant a-t-il été assommé ? Les poissons ont grand peur et s'enfuient dans tous les sens,

Heureusement
le scaphandre
est solide.
Vite on lance
une corde
au petit canard
qui attache
Alexandre
encore étourdi

Arthur
le hisse
sur le balcon,
lui enlève
son scaphandre
et le ranime
tout à fait.

Au vestiaire
ils retrouvent
Pom et Flore.
"Allons
au restaurant
pour nous remettre
de nos émotions",
dit Arthur.

Ils sont maintenant assis tous les cinq autour d'une table.
"Fameux ce chocolat, dit Alexandre, mais j'aimerais bien
manger un gâteau en même temps! Moi je n'ai pas faim, dit Pom.
— C'est ta faute, gros patapouf, lui réplique Flore,
tu as mangé trop de saucisses, tout à l'heure."
Autour d'eux des conversations animées sont engagées.

Auguste l'hippopotame et Grégoire le lion prennent
le thé avec le roi Babar et la reine Céleste.
Ramatur boit un pot de bière avec le général Cornélius.
Podular est monté sur un immense tabouret
pour être à la hauteur de Césarine
qui mange de la confiture de bananes.

Arthur est reparti de son côté.
Pom, Flore, Alexandre et le petit canard
sont allés voir le guignol des kangourous
où l'on joue l'histoire du Dragon Vert.
C'est passionnant.
Les spectateurs sont très excités.
"Attention, le voilà ! Attention !"
crient-ils dès que le dragon entre en scène.

Le spectacle terminé,
les quatre amis s'en vont dans les coulisses
féliciter les kangourous.
Ceux-ci, pour leur faire plaisir,
leur montrent comment ils font marcher
les marionnettes.
"Cela doit être fatigant
d'avoir les pieds en l'air", dit Pom.

Le soir toute l'exposition est illuminée pour la fête de nuit.
Les bateaux glissent doucement sur le lac.